© 2013, Jean-Pascal Farges
Edition : BoD - Books on Demand
12/14 rond-point des Champs Elysées, 75008 Paris
Imprimé par Books on Demand GmbH, Norderstedt, Allemagne
ISBN : 9782322032761
Dépôt légal : Novembre 2013

LIBRES CONJUGAISONS

Du même auteur

Non Monsieur Fukuyama, l'histoire n'est pas finie !, BOD, 2010
Une fois par jour, BOD, 2012
Dialogues sur le bonheur, BOD, 2012
Proverbes à vivre, BOD, 2013
Epistolaire féminin, BOD, 2013

JEAN-PASCAL FARGES

LIBRES CONJUGAISONS

A ces temps avec toi

La vie se conjugue, un voyage entre un passé composé et un futur parfois antérieur, un imparfait qui cherche un "plus-que", au point qu'elle peut s'égarer dans des temporalités qui semblent diverger.

En lisant ces lignes présentes, les lignes précédentes rejoignent le passé. Le mot même, lu à cet instant, s'est déjà enfui comme s'il s'échappait d'un temps qui n'est pas le sien. Tentons de le ramener à nous, le gardant ainsi éternellement présent. Dans cette éternité du mot, ce livre n'a plus de futur et, sans futur, a-t-il encore une existence ?

Tout se succède sans fin au point qu'il peut être difficile de savoir quand nous sommes ou, autrement dit, où nous sommes.

Il est toujours temps de s'intéresser aux temps, à notre temps, celui qui s'écoule en passant d'un hier à un lendemain, sans nous parfois.

L'art de vivre est probablement cette habileté à conjuguer nos temps au temps qui convient. Juxtaposons les moments qui passent avec ceux qui ne passent pas et il y en a ; et puis, attrapons l'instant qui n'est pas encore pour qu'il puisse se passer et passer. Conjuguer c'est éviter d'être condamnés à l'événement, au temps réel, au terrorisme de l'interaction, à l'injonction de la présence pour rejoindre nos rêves d'un Nous plus tard et nous souvenir d'un Nous d'avant et tout ceci au présent.

Cela paraît confus et c'est confus ; la conjugaison permet non seulement de lever la confusion entre les trois temps habituels : le parfait, le présent et le futur mais aussi d'apporter toute la nuance du temps, de le cultiver en antérieurs, imparfaits et conditionnels.
 Observons que le parfait possède plus de nuances que le futur, il semble plus aisé en effet de spécifier un passé connu qu'un futur possible. Quant au présent, il semble absolu, lié pour toujours au moment.
Tout cela pour quoi ?

Je propose de chercher, sans se faire mal, une sagesse dans la conjugaison, une danse avec le temps pour vieillir gentiment à l'ombre des temps qui laisse transparaître des lumières passées, des clartés présentes et des éclairs futurs. Peut-être faut-il que nous nous réconcilions avec le temps que nous nous entêtons à contraindre frénétiquement dans une violence qu'il nous rend dans nos rides. Peut-être faut-il donc apprendre à vivre avec le temps et désapprendre à vivre avec son temps.

L'indicatif

Le présent
Ce qui m'arrive

La page est blanche à cet instant-ci et un peu moins à cet instant-là comme si le présent se dépliait, comme si, pour survivre, il séparait ce qui a été de ce qui sera, nous interdisant toute composition ; nous ne pouvons pas en effet composer le présent. Nous l'aimerions parfois plus que parfait, parfois nous le souhaiterions passé ; jeu d'évitement qui n'affecte pas le présent ; il règne sur le moment.

Le présent est le temps de ce qui nous arrive, nous savons dans ce temps notre présence au monde. C'est un temps indicateur qui nous informe sur ce que nous sommes maintenant et comment nous sommes. Il serait dommageable de nous absenter au risque de n'être plus au monde, de n'être plus ici, de n'être plus maintenant.

Le présent sollicite nos sensations excluant la raison qui se déploie dans le temps long. Nous sommes là, frappés par l'instant, celui qui laisse place aux sentiments immédiats venus du creux des plis de l'âme. Le présent est un temps exigeant qui nous réclame en totalité dans le lieu où nous sommes. Recevoir la parole des êtres aimés, sentir la caresse des gestes bienveillants, accueillir les lourdes angoisses qui tendent nos entrailles, voir les colères contre nous et les autres ; nous sommes là, entiers, dans ce présent qui célèbre les épousailles du lourd et du léger, du noir et du clair, du malheur et du bonheur. Ce qui est Nous expire et inspire dans une respiration seule preuve du présent.

Il ne faudrait pas laisser perdre ces instants avant qu'ils ne retournent au passé. La tentation de l'absence est forte. Fuir ce qui vient pour une illusion future ou un regret passé ; voilà ce qui consomme notre présent, seul temps disponible de l'être ; il suffit de le faire nôtre.

Pour ceux qui cherchent qui ils sont - le verbe est au présent - ils trouveront dans l'instant ce qui les constitue et ce qui les constitue ne vient que d'eux.
Sentons nos corps peser, éprouvons la peine ou la joie du moment, laissons-nous aller à l'ennui, jouissons d'une oisiveté matrice de la vertu et considérons la question du présent : "Que veux-tu faire de ta vie ?".

Le présent ne s'intéresse nullement au passé où gisent nos erreurs, nos regrets et nos nostalgies. Nous sommes au présent comme naissant au monde. Nous ne sommes pas le produit d'un passé mais nous créons un passé qui attache, nous rive au sol, nous immobilise, défaisant l'instant au point que le présent est indisponible ; sans présent, pas de vivant.

Nous serions donc trop souvent morts, de peur de naître à l'instant. Chaque seconde, avant qu'elle ne s'écoule, donne une possibilité nouvelle, une vie neuve. Le présent nous sauve de ce qui nous a déterminé auparavant, nous redonnant la liberté de nous défaire de ce qui nous attachait à une vie qui n'est plus la nôtre, à une vie devenue histoire. Et si maintenant, nous ne faisions plus comme avant ? Et si, maintenant, nous n'étions plus comme avant ? Cela est possible au présent et seulement dans ce temps.

Il faudra rendre nos culpabilités à l'histoire, nos regrets à l'impuissance, nos souvenirs au passé et nos illusions au futur. Nous sommes à cet instant un être nouveau. Nous nous appartenons pleinement et c'est dans ce présent qui est nôtre que nous pouvons nous dire: "Voilà ce que je décide pour ma vie."

Surgit alors cette compagne qui nous côtoie depuis que nous avons des souvenirs : la peur. Elle est une créature du présent, sa gardienne, comme si elle nous interdisait l'accès à son temps, comme si notre présence n'était pas souhaitable. "Voilà ce que je décide pour ma vie" et soudain, la peur envahit nos entrailles, opprime notre cœur, resserre nos poitrines jusqu'à ce que le souffle vienne à nous manquer, cherchant désespérément à retrouver la respiration tranquille que nous contemplions sereinement il y a un instant.

La peur est présente parce que nous avons décidé maintenant de ce qu'est notre vie. Cette décision est un acte de désobéissance. Comment pourrions-nous décider puisque nous sommes déterminés par nos névroses, par nos traumatismes, par nos croyances, par les idéologies dominantes, par la morale, par la conformité ?

Dans le présent se côtoie peur et liberté, désobéissance et émancipation. Cette peur qui nous tord n'est qu'un appel à notre autonomie, à cette volonté d'un peu plus de vie pour un peu moins de mort. Elle veille ainsi sur les directions que nous prenons, nous prévenant de l'errance. Quand notre peur s'éteint c'est que nous avons ployé, c'est que nous avons déserté le présent par peur de la peur, par peur du présent.

La peur est une douce compagne du présent pour qui sait s'en faire une alliée. Elle n'est pas la frayeur ni l'angoisse, elle est notre humanité et nous extrait de l'impuissance et c'est dans le présent que nous pouvons la sentir, l'écouter nous parler et dire avec elle : "Voilà ce que je décide pour ma vie."

Que préférons-nous ? Je peux ou j'aurais pu ? J'aime, j'ai aimé ou j'aimerai ? Je suis ou j'ai été ? Il convient de choisir son temps.

Le passé simple
Ce qui n'est plus

Ce temps semble toujours lointain : "je fus", comme détaché de nous. Il en faudra du temps pour s'éloigner de ce que nous fumes, pour considérer ce temps simple, écoulé, irréversible. Derrière nous, sans que nous puissions revenir, repose tout ce qui fut Nous, statufié, momifié, immobile à jamais. Que pouvons-nous trouver dans le passé sinon l'histoire à laquelle rien ne nous relie sinon la chronologie ? Une enfance dans le passé est-elle encore notre enfance ? C'est ce que nous affirmons et donnons ainsi de la présence au passé.

Nous nous laissons aller à revisiter le passé, lui donnant une actualité hors du temps. "Racontez-moi votre petite enfance" et voilà le lien établi ; le passé envahit le présent jusqu'à la confusion totale entre les deux temps créant un anachronisme pathogène. Le présent est occupé, "veuillez rappeler ultérieurement."

Ce passé s'était pourtant retiré, le temps avait mis de la distance. Pourquoi renouer avec une histoire qui nous avait quitté, à la recherche désespérée de qui nous sommes alors que le passé nous indique que nous fumes ? Sommes-nous des êtres consécutifs ?

Considérons notre passé qui possède en l'occurrence la particularité d'être simple et voyons ce qui nous attache à lui. Des souvenirs bien sûr, certains précis et d'autre moins, des sentiments ressentis à des époques lointaines, des amertumes, des joies ; toutes choses perdues que nous nous évertuons à faire revivre dans une sorte de réanimation clinique du passé comme s'il fallait le ressusciter au nom d'une connaissance de soi salvatrice.

A contrario, ouvrons un livre d'histoire et découvrons ou redécouvrons ce passé parfois complexe qui a vu se dérouler l'aventure humaine. Sommes-nous affectés par la bataille de Bouvines, la conquête de la Gaule par Jules César, la mort de Socrate ?

Le passé est fait de deux histoires, celles des autres et la nôtre. Celles des autres est finalement neutre lointaine, définitivement couchée sur le papier. La nôtre, nous la voulons vivante, sensée, proche, pour ne pas dire présente. Elle nous rassure puisqu'elle fournit l'explication aux mystères de notre être. Le passé a-t-il agi sur nous ? Indéniablement. Le passé agit-il sur nous ? Oui, si nous l'y invitons.

Le passé est le temps du rangement, là où nous mettons les choses de notre vie d'avant sur la bibliothèque des souvenirs, comme des archives qui feront l'histoire. Ces documents, par la force du temps, deviennent neutres, utilisables par l'archéologue et consultables par l'historien. Pour que notre passé devienne notre histoire, pour que le passé reste à sa place, mettons devant nous ce qui est en nous au nom d'une légèreté salvatrice : "Ouvrez vos cahiers d'histoire et écrivez..." Remisons les souvenirs dans les bibliothèques des anecdotes et considérons-les avec le regard de l'historien.

Autrement dit, il faut composer avec le passé ce qui nous amène à la suite.

Le passé composé
Ce qui se décompose

De quoi le passé se compose-t-il ? De ces bribes de souvenirs lointains qui ne s'assemblent pas, capturées par une mémoire défaillante ; elle émergent, ils ont été. Recomposer le passé pour en faire une histoire, un passé si simple qu'il pourrait nous apparaître comme cohérent, redonner du sens à ce qui finalement n'en a pas ; tout se décompose.

Ces morceaux décomposés d'une vie abandonnée aux cendres; incinérés par un présent prégnant, ne nous enseignent rien sinon que le hasard est à l'œuvre. Ces scènes fugaces de quelques souffrances ou de quelques bonheurs d'enfant nous reviennent dans un désordre insignifiant. Et puis ces départs et ces retours sans suite mais répétés, déchirants pour les uns, heureux pour les autres dans une sorte de fausse continuité ne nous apprennent rien que nous ne sachions déjà de nos inconstances, de nos rêves enfouis, de nos entêtements idiots, de nos amours déçus, de nos joies éphémères.

Le passé composé ne nous compose pas, il est un miroir brisé qui renvoie à l'identique ce que nous avons été à ce que nous sommes. Le passé composé est l'éloge funèbre prononcée au décès d'un Nous fragmenté qui semble illusoire.

Que pouvons-nous faire du passé composé ? Une composition de moments comme un album souvenir pour que quelques regrets y trainent ? Un manuel d'apprentissage à vivre ? Une justification qui légitimerait notre expérience ? Que pouvons-nous faire du passé composé ?

"J'ai été, je suis allé", et puis, tout s'évanouit. Seuls les traumatismes survivent, seules les plaies ouvertes restent ouvertes et ces douleurs-là et ces souffrances-là ne se décomposent pas. Il ne reste pour nous qu'à adresser un sourire mélancolique à un passé qui ne peut se composer. S'il nous a fait, nous n'en faisons rien à moins que nous y trouvions une gloire passée, une fierté révolue du temps où nous avions envie d'être des hommes. Peut-être, à le considérer, y trouverons-nous le courage que nous avons perdu, l'insouciance qui pourrait parfois nous délester, l'amour perdu dans nos cœurs qui n'ont plus la place d'un "je t'aime".
Que sommes-nous devenus ? De bien piètres compositeurs ?

"J'ai été et je ne suis plus."

Le passé antérieur
Ce qui vient de Rien

Nous pourrions tous commencer, pour nous raconter, par cette formule antérieure: "Je fus né(e)".
Grâce au passé antérieur, le passé n'est pas sans raison, il a une origine, une antériorité absolue, une cause initiale ; la cause des causes.

"Qu'y avait-il avant ?" Question piège de l'enfant qui exige une remontée sans fin dans un temps qui n'en finit pas. "Qu'y avait-il avant ?" et nous voilà franchissant allègrement le temps, dans une contraction que les physiciens cherchent encore, pour nous retrouver à Marignan, pour débattre sur le Forum ou l'Agora, pour chasser avec Cro-Magnon, pour fréquenter les paramécies pour nous heurter finalement au *Big-bang*. "Oui, mais qu'y avait-il avant ?"

Le passé antérieur se défait alors sur le Rien. Il n'y avait rien avant. Le grand mérite de ce temps composé est de nous confronter à l'absence de Tout ; un monde sans temps, sans conjugaison possible, sans antériorité qui permet au passé de se remonter. Nous entrons dans la zone du Rien. Nous sommes issus de Rien et, au bout du compte, nous n'avons pas de passé.

Nous aurons beau développer toutes les frondaisons généalogiques pour être de quelque part, nous venons de Rien et nous sommes les seuls à le savoir. Bien sûr, dit comme ça, il se pourrait que la déprime nous prenne. Mais notre virginité antérieure est un excellent remède à toutes les culpabilités des origines. Finies les fautes, les taches de naissance ; nous avons hérité de Rien. Béni soit le passé antérieur !

"Rien" est libérateur ; nous sommes ainsi livrés à nous-mêmes pour un temps estimé à cinq milliards d'années. Nous redeviendrons poussière d'étoiles jusqu'à l'effondrement hypothétique de l'univers, le *Big-crunch*, qui nous ramènera à Rien. Nous sommes donc libres, totalement libres, puisque nous venons de Rien. Sans antériorité, sans poids du passé, qu'est-ce qui pourrait nous contraindre excepté un passé antérieur sans fin, sans mur "plancké", sans début ; autrement dit un passé divin ?

L'imparfait
Ce qui ne s'achève pas

L'imparfait est le temps le plus humain qui soit, temps de l'inachèvement, de l'incomplétude ; temps de ce que nous sommes.
Bien souvent, l'imparfait ne fait pas référence au passé et, quand il y fait référence, c'est un passé qui se déroule, qui se déplie, qui semble se chercher une fin. Dans l'imparfait nous n'achevons jamais rien et c'est d'un grand confort.

Imaginez ; plus d'objectifs, plus de buts, plus de sens, rien à remettre au lendemain, juste une action qui dure permettant le déploiement d'autre chose. "Pendant que j'écrivais, je me suis surpris à penser..." L'imparfait est un temps qui en permet d'autres, c'est la clef de fa des conjugaisons, le bruit de fond de nos vies ; l'imparfait donne le ton.

Si donc nous savons que notre vie a une totalité, quels imparfaits faut-il lui donner ? Des imparfaits jubilatoires : "alors que je contemplais, alors que je jouissais, alors que je déambulais, alors que je me reposais, alors que j'écoutais..."

le ton est mis. Dans ce confort d'un imparfait sans fin, débarrassés de nos crispations, notre esprit nous invite au vagabondage emmenant avec nous la tonalité que nous nous sommes choisis.

Pourquoi faudrait-il que les choses s'achèvent ? Parce qu'elles s'achèvent toutes répondent les sages. Laissons-les s'achever et que ce ne soit pas de notre fait ! Pour nous, gardons les tonalités inachevées pour enchanter nos vies imparfaites.
"Tu ne finis jamais rien !" disait Madame Schubert à son fils. La première symphonie de Beethoven était-elle achevée alors qu'il en a composé huit autres sans doute à la recherche d'un inachèvement ?

Achever c'est faire cesser le déroulement d'un temps nous privant ainsi du refuge de l'imparfait. Sans lui, dans quel temps allons-nous déployer notre imperfection ? Nous serions alors condamnés à la perfection ; les Saints n'ont pas d'imparfait pas davantage que leur habitat céleste ; l'ennui est assuré.

Combien est terrorisante l'exigence de perfection contemporaine ! Perfection des formes sans fond, perfection agitée sans oisiveté ; le ton est au gris, au présent absolu, à l'événement inconjugable, tout s'achève et tout de suite. La perfection est une cage sans temps, un état figé, une représentation définitive d'un monde fantasmatique, d'un parfait plus que parfait divinisé. L'imparfait est le temps des Hommes souhaitant que rien ne soit achevé.

Le plus-que-parfait
Ce qui arrange

Le plus-que-parfait est un rappel à la raison de ceux qui nous entourent: "Je t'avais pourtant dit...", raison qui a du nous manquer : "Si j'avais su..."

Ce temps conclut une situation, comme pour s'en débarrasser, ne plus s'en soucier. Une sorte de nécessité préalable à la suite des événements. Autrement dit, le plus-que-parfait plante le décor du récit. "Pour le mettre à l'aise, j'avais allumé quelques bougies, mis un peu de musique en sourdine et avais préparé quelques glaçons." Voilà, nous y sommes, le décor est prêt. Il peut sonner à la porte, entrer avec son air gauche, ôter sa veste sur mon invitation et s'assoir dans le canapé dont la profondeur, j'espère, fera disparaître toutes ces appréhensions." Plantons un autre décor à l'aide du plus-que-parfait : "J'avais imaginé qu'il serait rétif aux quelques sujets que je voulais aborder avec lui, j'avais donc décidé d'utiliser quelques ruses pour parvenir à mes fins ; le whisky en était une."

Le plus-que-parfait crée les conditions dont nous nous soucions habituellement fort peu. Il faudrait prendre les choses comme elles sont et "faire avec" au nom de l'efficacité, ultime mesure de l'action. Le réel n'est pas souvent arrangeant c'est pourquoi il nous faut l'arranger, le décorer, le plier à nos fins quand c'est possible et prendre le temps de cet arrangement. Le plus-que-parfait serait donc le temps de l'arrangement. Sans lui, l'annonce d'un fils de son homosexualité à son père catholique traditionnaliste risque d'être abrupte. Peut-on dire à un patient qu'il souffre d'une maladie grave sans y mettre quelques formes "plus-que parfaites" ? Dans ce cas, ce temps de l'indicatif sert une douceur bienvenue.

Le plus-que-parfait est l'art des formes, la sculpture des rondeurs pour éviter le tranchant des arrêtes, peut-être même une sorte d'apprivoisement des situations par trop sauvages. Certes, il peut être utilisé à d'autres fins mais retenons l'emploi que nous avons décrit afin que la vie soit moins brutale, afin que nos intentions soient plus précautionneuses.

Il s'agit de modeler le réel, de l'habiller, de lui donner visage humain, simplement pour trouver un peu d'aisance même si tout n'est pas parfait.

Le futur simple
Ce qui peut être

Disons-le, il n'y a rien de moins simple que le futur, et pourtant, pour paraphraser Woody Allen, c'est là que nous allons passer le restant de nos jours.

Ce temps est inquiétant, il semble ne pas dépendre de nous, d'autant que l'incertitude, mot qui envahit les discours, pourrait bien envahir le futur. Soit celui-ci est déterminé et il ne faut alors nullement s'en inquiéter puisque nous ne pourrons pas le changer ; soit il est contingent et il n'est pas nécessaire de s'inquiéter davantage ce qui pourrait nous faire dire que les peurs du futur ne sont pas justifiées.

"Que va-t-il nous arriver ?" Personne ne sait ! "Que doit-il nous arriver ?" Cette question n'interroge pas le futur mais notre futur. Nous pouvons y répondre alors même que peu de choses dépendent de nous.

Si un battement d'ailes de papillon au Chili peut être ou ne pas être à l'origine d'un ouragan au Canada, nous serions donc potentiellement capables d'influer sur le futur en agitant nos ailes.

Réfléchissons un instant à cette infime puissance hypothétique à partir de la question : par quoi ou par qui sommes-nous empêchés de battre des ailes ? La réponse est simple : par nous-mêmes. Nous avons en effet délégué la conduite de notre destin à d'autres que nous-mêmes, aux dirigeants de la planète, aux dieux, et, dans le cas le pire, aux deux. Nous avons remisé nos ailes pour ne pas décider de notre futur. Nous ne sommes plus des papillons, nous ne voulons pas investir le futur et, paradoxalement, nous le craignons. Le futur est pourtant simple, il peut dépendre de nous ou ne pas en dépendre mais il est certain que si nous ne battons pas des ailes, il s'imposera à nous avec une probable brutalité.

Comment battre nos ailes en évitant que le battement soit vain ? Peut-être devrions-nous examiner nos croyances et il y en aurait deux à considérer d'assez près : croire que nous avons besoin d'une autorité et croire que nous ne pouvons pas penser une alternative à ce qui nous arrive.

Pourquoi donc avons-nous besoin d'une autorité à qui nous donnons la charge de conduire nos vies, qu'elle se nomme président ou Dieu ? Parce qu'on nous l'a fait croire et que nous l'avons cru. Qui "on" ? Les pouvoirs qui se sont hissés sur nos crédulités : "Je vous promets un monde meilleur, ici-bas ou au-delà." Comme des enfants déposant nos souliers dans la cheminée, nous avons donné l'autorité sur le futur à des prêtres et des préfets. Depuis ces temps anciens, nous avons intégré cette croyance au point que nous pensons qu'elle est "l'ordre naturel des choses".

Pourquoi pensons-nous que le futur ne peut-être qu'une continuité d'un présent désespérant ? Examinons nos insatisfactions et comprenons pourquoi nous nous évertuons à nous en satisfaire. Ne serait-ce pas une soumission à un destin dont nous pensons qu'il est définitif, indépendant de nous, consécutif à des forces qui nous dépassent, d'une puissance telle qu'elle nous rabat nos ailes ? Nous sommes soumis à cette puissance qui nous conduit à un futur qui n'est pas le nôtre. Pourquoi nous laissons-nous faire ? Parce que nous ne savons plus faire autrement. L'a-t-on seulement su ?

Pensons à cette hypothèse et imaginons comment nous pourrions à nouveau battre des ailes, comment nous pourrions tenter une tempête à un endroit que nous connaissons pour un futur qui nous ignorons. Ce qui nous arrête souvent c'est que nous tentons d'examiner les conséquences de nos battements d'ailes. Laissons faire, laissons les circonstances s'arranger dans le sens de notre infime déplacement d'air.

Changeons de croyance et croyons en la puissance de nos ailes pour ne pas laisser le futur se déterminer sans nous. "Nous ne serons que si nous sommes."
Nous ne savons pas ce que provoque un battement d'ailes, ne pas les battre ne provoque rien.

Le futur antérieur
Ce qui est avant

Plantons le décor de notre futur. Que voulons-nous ? Imaginons que nous poursuivions la Révolution française et que nous voulions qu'enfin la liberté, l'égalité et la fraternité règlent notre vie sociale, notre vie ensemble. Le futur antérieur le permet. "Lorsque nous aurons repris l'initiative, nous finirons ce que les révolutionnaires avaient commencé." "Lorsque nous aurons..." : il s'agit de créer les préalables et les circonstances. Autrement dit, le futur, pour qu'il ait des chances d'être proche de ce que nous désirons, exige de notre part des conditions pour advenir que nous ne laisserons pas au conditionnel.
Quelles seraient-elles pour notre futur ?

Quelles sont les conditions qui, par exemple, permettraient la survenance de l'égalité ? La déconstruction des pouvoirs qui se nourrissent de l'inégalité au nom d'une nature qui fait qu'il y a des faibles et des forts et qu'on n'y peut rien changer. Comment les défaire ? En ne les alimentant plus. Le pouvoir d'un élu tient à notre vote, le pouvoir d'une banque tient à notre placement, le pouvoir d'une firme agro-alimentaire tient à notre consommation.

Que serait le futur antérieur de la fraternité ? Un inventaire des outils de solidarité qui fondent les communautés humaines afin de les réinventer. Cela est insuffisant si nous ne sommes pas, nous et nos enfants, éduqués à la fraternité comme alternative souhaitable à l'individualisme forcené qui fait notre malheur. La fraternité n'est pas réservée au champ de bataille, quand le péril nous y oblige. C'est toute la ruse des pouvoirs que de briser les fraternités pour diviser et régner. Il n'y a rien que nous puissions accomplir seuls, il n'y a pas de bonheur complet s'il ne touche pas le plus grand nombre.

Enfin, que serait le futur antérieur de la liberté ? Si la liberté est le choix de nos contraintes, il s'agit de nous donner collectivement les contraintes qui nous permettront de vivre ensemble. Les attaques contre la liberté sont menées par les pouvoirs dans le souci de conserver leur prérogative. Si le pouvoir est réparti de façon équivalente pour chacun d'entre-nous, point besoin de le préserver, point besoin dans ce cas de contraindre nos libertés. Il convient que nous retrouvions la possibilité de choisir nos contraintes et de refuser celles qui viendraient du ciel, des marchés financiers ou de quelques institutions illégitimes qui règlent nos vies.

Sans futur antérieur, le futur sera le présent dans une version probablement détestable, il s'agit donc de conjuguer à nouveau. Il nous suffit de réapprendre la conjugaison du futur antérieur et de planter un décor qui soit le nôtre.

Le subjonctif dans tous ses temps
Ce qui n'est pas

Avec le subjonctif, entrons dans le monde des hypothèses et des envies, du doute et de l'incertitude. Autant l'indicatif conjuguait le réel, autant le subjonctif s'en affranchit.

"Il est probable qu'il faille imaginer." En effet, le subjonctif est le temps de l'irréel, en ce sens, il nous permet de nous extraire d'une réalité parfois pesante pour aller naviguer sur les eaux de nos souhaits, de nos envies et créer des utopies parfois salvatrices, parfois destructrices.

Le subjonctif permet d'exprimer nos espoirs, en cela il fait vivre. C'est une version grammaticale de l'impuissance. Puisque nous ne pouvons changer le réel, changeons de réel ! Et nous voilà propulsés "subjonctivement" dans une vie imaginée avec l'espoir que le bonheur advienne. Le subjonctif est un étirement du réel dans une dimension où tout n'est qu'attente, espérance ; "Pourvu que..."

Dans ce temps d'attente, les inquiétudes et les espoirs se mêlent, nous sidèrent au point que le seul mouvement dont nous soyons capables est une tension de la pensée.

Le subjonctif peut nous perdre dans l'espoir, ce souhait vain qui laisse le réel intact. Il permet l'échappée belle vers des mondes reconstruits par nos hypothèses, nos rêves, nos envies, nos émotions, nos désirs, nos aspirations, nos fantasmes... ce qui fait de nous des humains. Le subjonctif serait notre expression la plus humaine, la plus libre ; temps se déployant au gré des inclinations de nos cœurs.

Le subjectif invite à la construction de scénarios : "j'imagine qu'il faille nous résigner." Il est le temps de l'hypothèse et interroge l'intangibilité du réel pour le pire ou le meilleur. C'est un jeu mental qui engage notre physiologie ; le corps n'est pas absent du subjonctif, il contribue à la dramatique du récit imaginaire : "Je crains que tout cela finisse mal ; j'en ai mal au ventre. Je ne suis pas certain qu'il y ait une chance pour que nous puissions infléchir la situation. Je souhaite toutefois qu'un miracle survienne, ne pouvant rien souhaiter d'autre."

Le subjonctif est une évasion momentanée d'une réalité dont nous tentons de maîtriser le déroulement en produisant des probabilités "Il est certain qu'elle nous rejoigne." "Il est improbable qu'elle nous rejoigne." Dans les deux cas, l'incertitude est à l'œuvre et le subjonctif permet une prédiction.

S'il fallait faire un bon usage du subjonctif, il conviendrait de l'employer pour exprimer nos états intérieurs face à nos impuissances. C'est notre lot que de voir passer l'eau des fleuves sans pouvoir intervenir sur le flot. Le subjonctif nous invite à nous assoir sur les berges et laisser nos sentiments rejoindre le courant. Assis là, nous déformerons le réel à loisir pour en faire des récits . Nous voilà démiurges pour ce temps méditatif, auteurs de nos vies, chercheurs de sens, trouveurs de bonnes fins.

Le conditionnel dans tous ses temps
Ce qui pourrait être

Le conditionnel ferait-il partie de notre nature ? Il a fallu en effet une grand nombre de conditions pour que l'être humain apparaisse. Il n'y a que les redditions qui sont parfois sans conditions ce qui voudrait signifier que la vie ne se rend pas tant qu'elle est conditionnée et elle l'est.

Nous sommes conditionnés par les gènes, le climat, le savoir, la culture, la famille, les traditions, la croyance, les rites, la classe sociale... nous sommes totalement conditionnés. Que dire du libre-arbitre alors que les conditions arbitrent ? Que dire d'une responsabilité pleine et entière alors que les conditions influent largement sur celle-ci ? Nous agirions donc sous conditions.

Pouvons-nous nous extraire de notre condition ? L'espèce humaine tente de s'affranchir des lois de la nature avec plus ou moins de succès. Imaginons que nous soyons immortels, il est probable que nous nous comportions de façon très différente. Si donc nous levions la condition qu'est notre finitude, nous habiterions le monde avec plus de décontraction.

Le paradoxe toutefois est que, d'une part, nous tentons de lever nos conditions et que, d'autre part, nous mettons souvent des conditions à nos vies et à nos actions. "Ah ! si j'étais riche." Nous retranchons des conditions qui s'imposent à nous pour ajouter des conditions que nous choisissons ; nous pouvons nous promener sous la pluie équipés d'un vêtement imperméable ou attendre le soleil. Il y a en effet des conditions, pour qu'elles soient favorables, qu'il faut créer et d'autres qu'il faut attendre ; tout l'art est de faire la différence entre les deux.

Pour un pêcheur en haute mer, les conditions sont ce qu'elles sont et il les affrontera, les connaissant pour les avoir déjà rencontrées. Pourquoi ? Parce qu'il répond à des conditions qu'il considère supérieures ou plus impérieuses comme celle de gagner sa vie par exemple. Sa réflexion s'est probablement opérée au conditionnel : "Si je ne sors pas en mer aujourd'hui, je ne pourrais pas payer les échéances de mon bateau."
Il est très utile d'examiner ce qui conditionne nos vies, d'y chercher les conditions favorables et de discerner celles qui sont utiles et celles qui le sont moins.

Examinons maintenant le conditionnel employé dans le discours. Nous entendons souvent, chez les journalistes prudents, l'emploi de ce temps qui dans ce cas donne de la précaution au propos : "Il aurait pénétré par effraction dans les locaux du journal." Il s'agit alors, pour ne pas dire qu'on ne sait pas, de se livrer à décrire une réalité hypothétique avec, parfois, des accents de vérité. Le conditionnel serait donc une réaction à l'insupportable manque d'informations. Un très bon exemple de ce cas fut le canular mis en scène par des journalistes de la télévision belge qui avaient annoncé la séparation de la Wallonie et de la Flandre. L'ensemble des commentaires était au conditionnel et, cependant, la nouvelle prenait la consistance d'une vérité, effet sans doute recherché, ce qui nous invite à constater que l'emploi du conditionnel peut créer malgré tout une réalité, voire même, il y contribue. Dans ce cas, une information au conditionnel est avant tout une information. Il nous faut donc être particulièrement vigilant pour ne pas confondre un énoncé au conditionnel et une réalité au risque de notre propre confusion et du malheur qui souvent s'y associe.

"Qu'est-ce que je ferais si on était moins con ?" clame l'acteur Jean-Pierre Darroussin dans le film de Marc Esposito : "*Le cœur des hommes*". Il y a en effet des Si salvateurs, ceux qui nous invitent à l'invention, à sortir des sentiers rebattus, à nous extraire de la routine, à questionner les modèles dominants. Et si tout ne devait pas être toujours pareil ?
Laissons-nous aller plus souvent à ces questions du désordre : "Qu'est-ce que je ferais si..." Le conditionnel est le temps du désordre.

L'impératif dans tous ses temps
Ce qui doit

C'est le temps de l'injonction, de l'ordre et par conséquent de la soumission ou de la désobéissance. "Mange ta soupe", impératif perpétuel de nos vies. Nous pensions que cet impératif, émanant de l'autorité parentale, finirait avec notre enfance. C'est une erreur ! Certes la soupe n'est plus la même mais il faut continuer à l'avaler, souvent une soupe de couleuvres.

Un fameux philosophe avait énoncé un impératif moral catégorique qui ne supportait aucune condition, une sorte de décalogue revisité. Aucune circonstance nous permettait d'y déroger, même atténuante. L'énoncé, comme tout énoncé moral, est impératif.

Ne nous y trompons pas, l'impératif demeure, il prend des formes verbales plus souples. Comptons par exemple le nombre de phrases adressées au public qui débutent par : "Pour votre sécurité..." A l'impératif catégorique s'ajoute la finalité qui, comme pour "Mange ta soupe" recherche notre bien. Nous sommes priés d'ingurgiter sans broncher ; qui pourrait en effet, sans être déraisonnable, refuser son bien ? Il en va ainsi des nouvelles morales dont celles prônées à longueur d'ondes

et de colonnés par les sanitaro-hygiénistes. Et que dire de toutes ces "sciences" dites managériales qui consistent à nous faire manger leur soupe et bientôt le pain dur ?
Nous en avons mangé des soupes et en avons soupé.

L'impératif est la nécessaire condition à la désobéissance. Là où nous sommes, rusons pour ne plus avaler ces potages infâmes de la propagande économique et politique, ces mots liquides qui empoisonnent notre pensée ; les soupes à la "réforme". Beaucoup d'entre-nous ne sommes plus des enfants et nous savons quand la soupe est bonne pour nous.

Remettons-nous aux fourneaux ; allons chercher dans notre potager ou ailleurs ces quelques légumes frais que nous éplucherons avec bonheur. Un peu d'eau pour une cuisson douce, un peu de crème pour l'onctuosité : "la soupe est prête !" Elle nous convient et nous ne l'imposerons à personne. "La soupe est-elle bonne citoyen ?"

Il en est ainsi des soupes démocratiques, les ingrédients viennent du peuple, la préparation et la cuisson sont du peuple et c'est le peuple qui la dégustera. Adieu alors aux soupes faites par d'autres pour d'autres. Il faudra un jour que nous leur mettions le nez dans l'assiette.

A nous soumettre aux injonctions infantiles et infantilisantes, nous encourageons la main mise d'une société "maternisante" sur nos vies, la laissant envahir nos intimités. Le contrôle des esprits et des corps ont été de tout temps l'instrument des pouvoirs et seul l'impératif en est la conjugaison.

L'impératif porte l'uniforme, la blouse blanche, la robe noire, la tenue militaire, le costume-cravate, le treillis bleu, la chasuble... les apparences de l'autorité, la figure de la suprématie.

L'impératif ignore la politesse, pourquoi faire puisqu'il ne s'agit plus de relation mais de rapport de force ? Pourquoi remercier puisque l'impératif obtient l'obéissance sans cela ? Pourquoi "s'il vous plait" puisqu'il est indifférent au fait que ça nous plaise ou non.

"Mange te soupe !" Non ! Et voilà c'est dit. L'impératif à la lanterne !

Ces quelques pages s'achèvent et rejoignent la passé en laissant le participe participer au présent et au futur.

Quant à l'infinitif, rien à faire, comme les participes, il ne se conjugue pas. Fier de ce qu'il est, immuable dans sa forme, insensible à son emploi, il n'a su engendrer que trois groupes qui nous ont souvent gâché l'orthographe.

Nous laisserons aux temps sa maitrise des choses et des êtres. Nous pourrons continuer à nous y perdre finalement puisqu'il s'arrêtera un jour pour chacun d'entre-nous et que nous serons le passé des autres, jusqu'à l'oubli, hors du temps.

Peut-être que savoir où nous en sommes c'est connaître "quand nous en sommes". Peut-être que savoir qui nous sommes c'est connaître quand nous sommes. Peut-être que les choses sont connaissables par les temps quand bien même ceux-ci courent. Peut-être que savoir conjuguer les temps c'est savoir conjuguer la vie. Il n'y a pas de danse sans au moins deux temps et la vie n'est-elle pas une danse, macabre vers la fin ? Nous pourrons toujours nous dire, quand le temps aura passé, que nous aurons bien dansé. Allez, ce n'est qu'une valse !

Table

L'indicatif — 11

- Le présent — 13
- Le passé simple — 17
- Le passé composé — 21
- Le passé antérieur — 23
- L'imparfait — 25
- Le plus que parfait — 27
- Le futur simple — 29
- Le futur antérieur — 33

Le subjonctif — 37

Le conditionnel — 43

L'impératif — 49